Couvertures supérieure et inférieure manquantes.

DE LA NÉCESSITÉ

D'UN

CASINO A NICE

PAR

LÉOPOLD AMAT

Chevalier de la Légion-d'Honneur,
Directeur du Journal La France Méridionale.

> Il faut à Nice un *Casino* : — Non pas un *casino*, Café-chantant, non plus un *Kursaal*, maison de jeu; mais un *Casino-Cercle*, un *Casino de famille*, où les fêtes et les plaisirs s'allieront à d'utiles récréations; où les sciences, les lettres et les arts se donneront la main, etc.
>
> France Méridionale, L. AMAT.

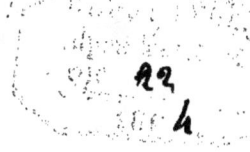

NICE,

IMPRIMERIE, LITHOGRAPHIE ET LIBRAIRIE CHARLES CAUVIN,

Rue de la Préfecture, 6.

1864.

A LA VILLE DE NICE.

TABLE DES MATIÈRES.

		Pages.
I.	ÉPIGRAPHES	5
II.	AVANT-PROPOS	7
III.	EXPOSÉ ET PROGRAMME	9
IV.	OBJECTIONS	23
V.	RÉSUMÉ	27

DE LA NÉCESSITÉ

D'UN

CASINO A NICE.

Nice est en voie de progrès constant, et les améliorations de tout genre s'y sont développées. — Il reste néanmoins beaucoup à faire, et l'on ne saurait assez proclamer à Nice que chaque pas fait en avant dans la voie des embellissements marquera un pas sensible dans la prospérité publique et le bien-être général du pays. — La ville de Nice doit aux Etrangers qui y vont chercher *la santé ou le plaisir*, de leur faire les honneurs du pays et de l'hospitalité, en multipliant tous les éléments d'une vie commode, large et facile, et d'un séjour agréable.

C'est à cette condition que les citoyens de Nice pourront espérer de voir les étrangers accourir en foule visiter leur beau pays ; c'est à ce prix qu'on pourra compter sur une affluence qui constitue une des bases de la fortune publique. — Pour atteindre ce but, s'il faut l'initiative féconde de l'administration toujours placée en face des intérêts généraux de la ville, il faut aussi le concours sympathique et éclairé des citoyens.

LUBONIS, député des Alpes-Maritimes.
Projet de loi, rapport au Corps Législatif, 1863.

On ne doit pas perdre de vue que les Etrangers affluent chaque année davantage sur notre littoral pendant l'hiver. — Leur nombre augmentera d'autant plus rapidement qu'on aura fait de plus grands efforts pour les fixer plus longtemps, chaque année, dans nos localités privilégiées. — Il suit de là, que les solutions les plus promptes des questions à résoudre seront en réalité les meilleures.

CONTE-GRANDCHAMPS, Ingénieur en Chef.
Rapport : Nice, juillet 1863.

Vous avez raison, mille fois raison, mon cher Amat, un *Casino* est une nécessité pour Nice ; le chemin de fer est une révolution, quelques-uns en profiteront, d'autres en seront renversés. — Il viendra à Nice beaucoup plus d'étrangers, ils y séjourneront beaucoup moins longtemps ; beaucoup viendront *qui n'iront pas dans le monde* ; qui ne peuvent pas ou ne voudront pas nouer des relations et s'imposer des devoirs de société. — Il faudra fournir à ces voyageurs la vie toute faite, des plaisirs faciles tout prêts à être cueillis....

ALPHONSE KARR.
France Méridionale, 24 décembre 1863.

Avons-nous besoin d'insister sur l'utilité d'un *Casino* à Nice ? — Son absence frappe tous les yeux ; cette lacune dans les besoins, dans les plaisirs, dans les distractions de notre colonie de visiteurs ou d'hôtes assidus, est flagrante..... — Nous l'avons dit bien souvent : la nature a tout fait pour ce magnifique pays à peine encore assez connu, assez apprécié, malgré sa légitime renommée ; mais il faut que les hommes, à leur tour, fassent beaucoup, pour ne point laisser tomber cette réputation, pour attirer et retenir ici le plus grand nombre possible de visiteurs. Les habitants de Nice sont donc les premiers intéressés à encourager un établissement du genre de celui dont nous parlons, et à réparer par un prompt, franc et énergique concours, le tort qu'ils ont eu d'attendre si longtemps avant que de mettre la pensée et la main à l'œuvre. — Pour notre compte, nous accueillons avec une véritable joie la nouvelle dont nous sommes l'écho aujourd'hui, et nous félicitons sincèrement M. Léopold Amat de l'énergique persistance avec laquelle il a poursuivi un but si intéressant à atteindre.

XAVIER EYMA.
Journal de Nice, 29 décembre 1863.

..... Mais un danger éloigné, d'autres restent; au nombre de nos ennemis, du moins de ceux de nos visiteurs, le plus cruel sans doute *c'est l'ennui !* — Les fêtes ou les réceptions privées sont loin de suffire à une population flottante qui chaque jour devient plus considérable et par conséquent plus hétérogène. — Ayons donc un *Casino* ? — Qui dit *Casino* dit un beau jardin, de vastes salons, tous les moyens de distractions réunis ; une salle de bal et de concerts, des salles d'expositions d'objets d'art, de curiosité et de luxe..... — Un *Casino* est un *terrain neutre,* où l'on se distrait, où l'on s'amuse, où l'on connaît tout le monde sans plus jamais être forcé de reconnaître ni de revoir personne. —

Ayons un *Casino*, et notre saison d'hiver prendra un développement qu'elle n'a jamais eu. — Ayons un *Casino* et nous aurons certainement bientôt une saison d'été.

ÉMILE THOMAS.

France Méridionale, 7 janvier 1864.

Il faut à Nice un *Casino :* — Non pas un *Casino*, Café-chantant, — non plus un *Kursaal*, maison de jeu ; mais un *Casino-Cercle*, un *Casino de famille*, où les fêtes et les plaisirs s'allieront à d'utiles récréations ; où les sciences, les lettres et les arts se donneront la main, etc.

France Méridionale, L. AMAT.

AUX HABITANTS

DE LA VILLE DE NICE.

En adressant aux habitants de Nice ces quelques pages, destinées à démontrer la nécessité absolue d'un *Casino*, et en donnant des explications sur l'organisation de cet établissement, je crois accomplir un devoir ; en consacrant mon temps à la réalisation de cette création, dans laquelle Nice doit trouver de si grandes ressources, j'espère aussi payer ma dette de reconnaissance à un pays dans lequel j'ai retrouvé la santé, cet indispensable collaborateur du travailleur.

Dans l'inébranlable conviction que la création d'un *Casino* est rigoureusement nécessaire au maintien du succès de Nice, et à l'accroissement de sa prospérité, je me suis attaché, depuis plusieurs années, à cette idée, avec la persistance qu'elle mérite, et j'en poursuis l'exécution sans relâche.

Il est possible que quelques esprits à courte-vue et quelques satisfaits, cherchent à prouver qu'ici tout est au mieux dans le meilleur.... des séjours d'hiver ; mais les faits, malheureusement, parlent plus haut que cette indifférence et cet égoïsme. — Nos ennemis, nous en avons, la chose est assez clairement prouvée aujourd'hui, ont des intelligences dans la place, qui se servent, comme base d'opération, de l'apathie des uns et du mécontentement des autres, pour battre en brèche notre beau pays ! — Enlevons tout prétexte à ces guérilleros cachés, dont les armes trempées de médisance, finiraient par nous faire quelque méchante blessure.

Pour atteindre le but que je me propose, il me faudra toucher à quelques questions qui exposeront un peu le côté faible de notre situation ; mais je ne soulèverai qu'un coin du rideau ; cela suffira sans doute pour ouvrir les yeux aux moins clairvoyants. — En nous dissimulant la vérité, changerions-nous l'état des choses ? — N'hésitons donc point à appeler tout d'abord l'attention du lecteur sur notre défaut principal ; sur celui qui nous fait le plus de tort : l'Ennui ! — Et exposons en même temps le tableau de la situation peu brillante qui serait réservée à notre ville si elle devait renoncer au rôle que la nature lui a assigné, à cette belle et poétique industrie : l'*Exploitation du soleil*....

Pour entrer dans le cœur du sujet qui motive cet opuscule, je crois utile de procéder par des demandes, auxquelles il est répondu catégoriquement ; c'est en répondant par ordre aux questions posées, que la lecture de ce travail sera plus facile et le fond plus aisé à concevoir.

Ce petit livre sera distribué gratuitement, à Nice, à tous ceux qui ont intérêt à voir prospérer notre ville : — propriétaires, employés, commerçants, industriels, à tous ceux, enfin, qui auraient à souffrir d'un état de crise dont nous n'avons eu, cette année, qu'un premier avertissement !

Nice, mars 1864.

DE LA NÉCESSITÉ D'UN CASINO A NICE.

Nice vient-elle de subir une crise? — Quelle en est la cause? — Rassurée par ses succès précédents, Nice doit-elle considérer la saison moins brillante de 1863-64 comme un cas fortuit, ou doit-elle l'attribuer à des causes dépendantes d'elle-même? — Ce fait d'une saison peu brillante, pourrait-il se reproduire et quelles en seraient alors les conséquences?

L'hiver 1863-64 a été moins brillant que les hivers précédents; — c'est un fait incontestable, mais on ne peut cependant considérer comme mauvaise, une saison qui, moins productive que d'ordinaire, il est vrai, n'a pas moins donné des résultats dont un moment on avait désespéré. — La menace a été plus effrayante que l'effet n'a été désastreux... mais nous devons néanmoins nous tenir pour avertis.

Parmi les causes qui ont contribué cet hiver à diminuer la colonie étrangère, il en est une que nous ferons entrer en première ligne et qui doit être prise en très-sérieuse considération ; c'est l'absence d'un centre de réunion.

Nous avons prévu, il y a quelques années déjà, ce que nous réservait, dans un prochain avenir, un ennemi que nos hôtes trouvent ici dès leur arrivée: — l'*Ennui*, ce terrible fléau des gens riches ; l'*Ennui*, que nous ne cherchons pas à combattre, à détruire. — Maintes fois, en assistant aux départs précipités de la Colonie, dès les dernières fêtes et soirées du carnaval, nous avons cherché, mais vainement, à attirer l'attention des Niçois sur l'absence de plaisirs, de distractions pour nos hôtes, et nous avons appuyé sur la nécessité de ne point compter seulement et absolument sur la beauté de notre climat. En dehors de la clientèle des malades et des valétudinaires, il y a la clientèle très-intéressante, au point de vue financier surtout, des frileux, des gens riches, qui préfèrent notre douce température et notre beau ciel, aux rigueurs des hivers du nord et au ciel larmoyant de Paris et de Londres, à la condition toutefois que quelques distractions soient ajoutées au régime du soleil.

C'est en été, pendant son séjour aux Eaux et aux Bains de mer, que la Fashion prémédite déjà ses quartiers d'hiver : — quelle est la station méridionale qui aura la préférence? — On va quitter les bords du Rhin... les plages de l'Océan... où se retrouvera-t-on? — Les rendez-vous se donnent. — Les souvenirs de l'hiver précédent influent beaucoup, on le conçoit, sur les décisions qui vont être prises. — Retournera-t-on là, où l'ennui a présidé? — Ne préférera-t-on pas Rome, Florence, Venise ou Naples, à Nice? — Assurément non, si Nice, la plus belle et la plus renommée des stations, en décidait autrement. — N'est-il pas certain qu'un programme plein de séduisantes promesses, partant de Nice et arrivant dans les mains des riches désœuvrés, au moment où les stations d'été vont être quittées, aurait la plus grande influence sur le choix qu'ils vont faire d'une résidence d'hiver? — Et, qui mieux que l'administration d'un *Casino*, pourrait répandre partout, dans son intérêt comme dans celui du pays, les promesses de la saison qui va commencer.

Les plaisirs ne se marchandent pas, mais l'ennui est toujours trop cher! — On nous querelle sur l'exagération de nos loyers, et le prix élevé de toutes choses. — La cause réelle de ces plaintes n'est-elle pas plutôt le résultat d'un mécontentement qui trouve son origine ailleurs que dans le fait incriminé : — nos hôtes n'ont-ils pas ajouté à l'*addition* des frais de la saison, les longues soirées, les jours de pluie, l'absence de toute distraction, — l'*ennui*, en un mot, — et n'ont-ils pas dès lors trouvé exagérée la note de l'hiver ? — Ayons la brillante organisation des bains à la mode qui savent attirer et retenir la foule dorée, et l'on discutera moins un budget tout autant consacré aux plaisirs qu'à la réputation de notre thermomètre. — Nos prix ne sont pas plus élevés que ceux de toutes les villes de saison, en vogue. — En publier un tableau comparatif, serait encore un moyen d'opposer la vérité triomphante à toutes les allégations malveillantes dont nous venons de ressentir les premiers effets et dont nous devons arrêter les pernicieux progrès.

Si nous avons à combattre les malveillants et les sceptiques qui cherchent le mal, pour le grossir et le mettre en lumière, nous avons encore à lutter contre les indifférents, les égoïstes et les optimistes, qui attribuent naïvement la petite brèche financière de l'hiver que nous venons de passer, à des causes entièrement indépendantes de leur volonté : — telles que l'insurrection de la Pologne, la guerre d'Amérique, le congrès des Rois à Francfort, les armements de l'Italie, enfin à un certain malaise diplomatique qui suspend le canon rayé sur la tête des populations effrayées. — C'est là, on le voit, un commode prétexte pour ne rien faire, ne rien améliorer, ne porter remède à rien et pour attendre, en placide *Allah-Kerim !* le retour de meilleurs temps. — Il se peut en effet que tout ceci ait contribué à nous enlever quelques familles Russes et Polonaises, mais il est bon de remarquer que l'été dernier la situation était identiquement la même et que, pendant la royale et inquiétante réunion du *Roemer* à Francfort, réunion dont les conséquences viennent de *retentir* sur l'Eider, les bains de l'Allemagne, les bains de mer de l'Océan regorgeaient de visiteurs ; Baden et Ems, ces deux *Eldorados* d'outre-Rhin, où les fêtes succèdent aux fêtes, étaient envahis par la foule élégante. — On se battait dans les environs de Varsovie et cependant les Russes, comme toujours, répandaient à profusion leurs roubles sur les villes d'Eaux des bords du Rhin. — Ainsi donc, plus de vains prétextes ; allons carrément au but. — Il faut absolument que l'hiver prochain répare le mal de celui-ci. — N'oublions pas que la vogue arrive graduellement, lentement... et qu'elle décroît rapidement lorsqu'on ne fait rien pour la maintenir. — Une mauvaise année peut amener une année plus mauvaise encore, ainsi de suite... de là, à l'abandon il n'y a pas loin.

Que doit faire Nice pour maintenir et accroître son succès ?

Pour atteindre ce but, Nice n'a qu'à imiter les villes qui n'ont d'autre industrie que l'exploitation de leurs Eaux, ou de leurs bains, ou de leur climat : — multiplier les moyens d'attraction ; — et pour cela il faut édifier un *Casino* !

Un Palais-Casino digne de la capitale des stations d'hiver et un établissement de *Bains de mer*, nous semblent le *sine qua non* du succès de l'avenir.

Dieppe, qui en 1824 fut mis à la mode par Madame, Duchesse de Berry, a toujours su maintenir la foule sur sa plage, moins belle, moins commode cependant que les plages voisines. — Dieppe prospère bien plus par ses bains, qu'elle ne vit de ses armements pour la pêche et de ses mignons ouvrages d'os et d'ivoire ; aussi, le jour où une municipalité vigilante comprit que la vogue des bains de Dieppe était menacée, un *Casino* fut édifié, en quelques mois, sur sa plage ; dès ce moment, la mode qui semblait vouloir s'éloigner, fut maintenue et une nouvelle ère de prospérité commença pour la **Reine des stations de bains de mer.**

———

Nice, a-t-elle d'autres ressources industrielles que celles de station d'hiver? — Peut-elle devenir une ville de commerce? — Son port est-il appelé à devenir un port de transit? — Un avenir maritime lui est-il destiné? — Nice est-il un pays de production?

—

Nice n'a, selon nous, d'autres ressources que l'exploitation de la beauté de son climat, et ne nous paraît pas destinée à jouer un rôle parmi les villes de commerce. — Le port de Nice ne sera jamais qu'un port de consommation ; son mouvement sera absolument proportionné à l'importance de sa population stable et flottante. — Nice n'est pas géographiquement située pour devenir un point de transit ; un port de transit doit être placé, en communication directe et facile, entre le pays de production et celui de consommation ; Trieste, Marseille et le Hâvre sont des ports de transit, (ainsi que Gênes, lorsque le Mont-Cenis sera percé). — Au point de vue commercial maritime, Nice est une impasse ; ainsi donc point d'avenir de ce côté, à moins de mettre ses futurs docks en communication directe avec la Suisse et l'Allemagne, par un chemin de fer à travers les Alpes.... et encore? — Le magnifique golfe de Villefranche pourrait devenir un port militaire lorsque Nice, par son récent traité avec la Compagnie générale des Eaux, y amènera des eaux potables pour l'approvisionnement des navires de guerre. — Il est question, dans un avenir assez prochain, de relier le port de Villefranche à celui de Nice, par un quai qui longerait la côte, en contre-bas de la route nouvelle ; — notre port marchand serait ainsi soudé au port militaire de Villefranche. — Un port de guerre, avec chantier de construction, peut donner la vie à la commune de Villefranche, mais en admettant même que cette commune fut annexée à celle de Nice, nous ne voyons point encore là un avenir pour notre ville. — Nice n'est pas davantage un pays de production. — On ne peut considérer comme produit d'exportation, sa récolte d'huile, ses oranges, ses citrons et ses fleurs : — l'affaire de quelques chargements de wagons.

Quelle est la véritable industrie de Nice ? — Quelle est sa véritable destinée ?

—

Nice ne peut être qu'une station d'hiver et une station d'été, avec deux clientèles distinctes : l'une, venant prendre des bains de mer, l'autre, des bains de soleil ! — L'hiver, pour les malades, les valétudinaires et les riches frileux ; l'été, pour les personnes à tempérament délicat, auxquelles il est ordonné des bains de mer à réaction facile, et auxquelles nos beaux étés tempérés conviennent bien mieux que les étés problématiques des côtes du nord.

Nice possède deux sources de santé : — *la mer et le soleil !* — A elle d'exploiter avec intelligence et sagesse ces deux trésors inépuisables. — En ajoutant à ces deux éléments de prospérité, à ce principal, un attrayant accessoire, Nice peut devenir l'une des villes les plus agréables, les plus fortunées qui soient au monde. — Sous ce ciel éternellement beau, n'est-on pas disposé à rêver une ville unique, florissante, pleine de bien-être, de concorde et de joie ; — quelle plus belle situation ? — Quelles conditions naturelles plus heureuses, plus satisfaisantes pour l'imagination ? — N'est-ce pas ici, sur cette plage fortunée, que Papety rêva et composa sa splendide toile *un rêve de bonheur* ? — Nice, ne pourrait-elle devenir une nouvelle Athènes ; — un pays de productions intellectuelles où régneraient, encouragés par d'illustres Mécènes, les sciences, les lettres et les arts ? — Quelle plus noble ambition, quelle plus glorieuse destinée ! — Et que faudrait-il pour cela ? — Vouloir !

Un Casino, *organisé sur des bases nouvelles, offrant un programme varié, est-il appelé à jouer un rôle important dans l'avenir de Nice ? — Un établissement de Bains de mer peut-il également contribuer au maintien et à l'accroissement de sa prospérité ?*

—

Nous répondrons d'abord à cette dernière question, pour n'avoir ensuite à nous occuper que du *Casino*, objet principal de cette brochure.

Un bain de mer bien installé, confortable, offrant les ressources de l'hydrothérapie appliquée à l'eau de mer, me semble une annexe indispensable au *Casino*. — Avec des bains de mer, Nice peut, devançant ainsi sa saison d'hiver de deux mois, utiliser septembre et octobre ; — saison des vacances. — Inutile, croyons-nous, de faire ressortir l'incontestable avantage de nos mois de septembre et d'octobre sur ceux des bords de l'Océan ; — on connaît la beauté de notre automne. Nos bains de mer prolongeraient également la saison d'hiver jusqu'en avril et mai (1). — Ainsi donc, sans préjudice de la saison d'été, la saison d'hiver de Nice, par son *Casino* et l'annexe les bains de mer, durerait neuf mois. — Nous n'insisterons pas sur l'importance que les bains de mer peuvent acquérir sur notre littoral ; c'est une question que nous avons longuement et sérieusement développée ailleurs et qui, nous l'espérons, ne sera pas perdue pour nos riverains (2).

Mais nous ne pouvons laisser passer, sans le faire remarquer, un fait qui est resté gravé dans notre mémoire et qui, quelques fois, nous a fait désespérer de l'esprit d'initiative de notre ville. — La Fortune, sous les traits d'une illustre baigneuse, sourit un jour à la plage de Nice ; mais Nice, satisfaite de ses ressources hivernales, ne crut pas devoir profiter de ses avances, et laissa passer le char de l'aveugle déesse ! — Moins avisée que Dieppe qui sut profiter du caprice de *Madame*, pour mettre sa plage à la mode, Nice, qui pendant *deux étés de suite* fut choisie par S. A. I. la Grande-Duchesse Hélène de Russie, pour y suivre un traitement balnéaire maritime, Nice ne fit rien, absolument rien, pour utiliser une circonstance aussi favorable ! — S. A. I. prit ses bains sur la plage de la *Promenade des Anglais*, où un baraquement informe et par trop rustique avait été improvisé pour la belle-sœur de l'Empereur Nicolas... et ce fut tout ! — Il est aisé de comprendre, cependant, combien il eut été facile de tirer parti de ce choix de l'une de nos plages méridionales, fait, pour une Auguste Princesse, par les plus célèbres méde-

---

(1) L'hiver dernier 1862-63, les premières cabines furent réinstallées sur la plage de la *Promenade des Anglais*, le 28 *mars* ; — cette année, *hiver* 1863-64, elles l'ont été le 11 *mars* et dès le lendemain, quelques étrangers inauguraient la saison des bains.

(2) *Les Plages de Provence*, Etude Balnéaire maritime. — L. Amat, *France Méridionale*, 1863.

cins Allemands. — N'était-ce pas là le point de départ d'un grand succès pour un établissement sérieux qui eut été fondé sur l'emplacement choisi par la Grande-Duchesse? — Ceci dit, abordons la question principale, celle du *Casino*.

Il est beaucoup de questions qui seront résolues par le *Casino de Nice*. — Il devra d'abord prolonger la saison d'hiver et créer ensuite une saison d'été par son annexe les Bains de mer. — Dans son intérêt, comme dans l'intérêt de Nice, le *Casino* coopérera largement, ainsi qu'il convient à une grande affaire industrielle, à la propagande de notre ville. — Il maintiendra la clientèle et devra l'augmenter. — Il répandra sur notre population une somme de prospérité que chacun peut prévoir; enfin, les bienfaits que Nice retirera d'une semblable création sont, on peut dire, incalculables. — Mais l'importance du rôle qui incombe au *Casino*, dépend surtout de l'organisation de cet établissement, et de cette organisation dépend le succès. — Or, par organisation nous entendons le choix de l'emplacement du *Casino*, son jardin, son aspect architectural, ses dispositions intérieures, son programme et son règlement.

Qu'entendons-nous par Casino?

Avant de répondre à cette question, disons d'abord que le titre de *Casino* est un titre provisoire, qui devra être changé ou modifié pour ne plus donner motif à de fausses interprétations. — Dans nos pays on confond trop souvent les établissements de ce genre avec les *Cafés-Chantants*. Quoique nous nous soyons maintes fois expliqué sur ce sujet, nous avons cru nécessaire d'inscrire en tête de cette brochure, en manière d'épigraphe, quelques lignes qui doivent éviter toute méprise. — Cependant, pour en finir une fois pour toutes avec les titres pompeux dont se décorent certains établissements, il convient de dire que l'*Alcazar* des Rois Maures, que l'*Eldorado* de Martinez, l'*Alhambra* de Grenade, n'ont pas plus de rapport avec les bals publics, baptisés de ces noms magnifiques, où règnent les danses désarticulées des *Rigolboche*, que les *Casinos* de Boulogne, de Dieppe, d'Arcachon, de Biarritz, de Vichy, ne ressemblent aux *Casinos (Cafés-Concerts)* où, à travers la fumée de la pipe et du cigare, s'exhale la mélodie au choc des choppes et des petits verres.

Un *Casino* n'est pas davantage un Cercle où ne sont admis absolument que des hommes; — où les jeux, *soi-disant de commerce*, deviennent le but unique de la réunion et le principal revenu de l'établissement. — Dans ce cas les Cercles tombent, sans le vouloir, dans le domaine des maisons de jeu, et les maisons de jeu ne sont tolérables et garanties à l'abri des malhonnêtes gens, que lorsqu'elles sont autorisées, et par conséquent surveillées par l'autorité. — Rien ne ressemble à un parfait et honorable gentleman comme un coquin bien élevé : — là, est le danger des Cercles où l'on joue gros jeu et d'où il n'est pas toujous facile d'éloigner d'adroits et dangereux fripons. — Nous n'avons jamais été opposé aux maisons de jeu autorisées ; — étant donné qu'il existe un mal incurable qu'on appelle la *passion du jeu*, nous croyons au contraire à leur utilité; là, au moins le joueur ne lutte que contre la mauvaise fortune et non point contre la carte biseautée. — *Il faut qu'une porte soit ouverte ou fermée*, a dit de Musset ; — de deux choses l'une : — si les jeux tolérés doivent prendre à Nice les proportions des jeux privilégiés, ne serait-il pas alors préférable que le gouvernement français voulût bien faire pour notre ville ce que le gouvernement belge a fait, exceptionnellement, pour Spa? — et alors le privilège accordé aurait sur la *tolérance* cet avantage inappréciable de verser dans la caisse municipale une redevance que nous estimons, dès le début, à plus de cent mille francs par an. — Quel est le concessionnaire qui ne souscrirait immédiatement à un pareil cahier des charges? — Mais n'avoir que les inconvénients des jeux sans en avoir les avantages, cela ne nous paraît pas rationnel! — Nous soumettons ces quelques réflexions à l'appréciation de nos concitoyens.

Le *Casino* que nous voulons est un *Casino-Cercle* non pas seulement ouvert aux hommes, mais à toute la famille. — Un *Casino*, où le mari, la femme et même les enfants, trouveront leurs plaisirs, leurs récréations. — Un *Casino*, où le classique Boston, le Whist réfléchi, le savant jeu d'Echecs, le Tric-trac, les Dames et le Domino remplaceront les parties orageuses du *Lansquenet* et du *Baccarat*. — Là seulement, dans ce centre de réunion où des fêtes charmantes se renouvelleront sans cesse, où chacun trouvera, selon ses goûts, l'emploi agréable de son temps, tous les membres de notre colonie étrangère accourront avec empressement, les Anglais surtout, qu'éloigne généralement le terrible badinage du *tapis-vert*.

Quelle doit être l'organisation intérieure et extérieure du Casino? — Quel doit être son programme?

Pour répondre à ces questions, il nous faut jeter la propriété de notre idée au vent de la publicité; nous n'hésitons pas, dans l'intérêt général et pour éclairer l'opinion publique, à livrer à tous nos études et nos observations, résultant d'une longue fréquentation des principaux *Casinos* et *Kursaals* de l'Europe.

En faisant rapidement parcourir au lecteur l'intérieur du *Casino*, nous trouvons : — La grande salle des fêtes avec théâtre de société ; — la salle ordinaire des concerts ; — la salle d'exposition permanente des beaux-arts ; — la salle des cours et conférences ; — les cabinets de physique et de géographie ; — le salon de musique intime ; — la bibliothèque littéraire, la bibliothèque musicale ; les salons de lecture, d'étude, de correspondance et les salons de conversation ; — les salons particuliers des dames : — salons de lecture, de travail et de conversation ; — les salles d'armes ; — le café, l'estaminet avec billards, le restaurant ; — un petit observatoire d'amateurs, avec télescopie, etc., etc.

A l'extérieur, dans le jardin, nous trouvons : — Une galerie-promenoir vitrée, sorte de jardin d'hiver, avec exposition florale et exposition des arts-industriels de luxe ; — un cirque-école d'équitation ; — un tir ; — une TRINKHALLE (1) ; — des terrasses disposées pour les consommations extérieures ; — un grand kiosque pour orchestre ; — Pavillons pour les enfants, avec petit théâtre de *fantoccini* ; — gymnase pour jeunes personnes et enfants ; — jeux de jardin de toutes sortes.

Si, après les dispositions intérieures et extérieures que nous venons de tracer rapidement, nous exposons le programme qu'une direction compétente et active peut varier et multiplier à l'infini, nous trouvons les principaux éléments que voici : — Orchestre de premier ordre, que la liberté des théâtres permettra d'utiliser de toutes les façons, sans avoir à traiter avec les anciens droits des directions privilégiées ; — concert

---

(1) TRINKHALLE (textuellement *galerie* ou *salle à boire*). — « On désigne ainsi, dans les Bains d'Allemagne, la salle dans laquelle se réunissent les buveurs d'eaux minérales. » *Plages de Provence*, Chap. II. L. AMAT, *France Méridionale* du 19 février 1863.

instrumental, deux fois par jour ; — matinées de musique de chambre ; — grands concerts de musique vocale et instrumentale ; — festivals ; — grandes fêtes intérieures et extérieures ; — soirées et matinées littéraires et scientifiques ; — lectures, conférences et démonstrations ; — auditions de célébrités musicales, littéraires et scientifiques de passage ; — théâtre de société ; — grands bals parés, soirées dansantes intimes, bals d'enfants, bals champêtres ; — organisation de promenades-excursions géologiques et botaniques, avec buffet-ambulant ; — organisation de pique-niques ; — organisation de régates, de courses, de concours orphéoniques ; fêtes extérieures publiques ; — cours d'équitation ; — gymnastique ; — escrime ; — jeu de paume, jeu de balle, jeu de Cricket, etc., etc.

La situation du *Casino* nous semble tout naturellement indiquée sur la *promenade des Anglais*, avec son annexe les bains de mer vis-à-vis, sur la plage.

Un Casino répond-il à un besoin ? — Son succès est-il assuré ? — Ce projet rencontre-t-il des objections ?

—

Nous croyons avoir suffisamment démontré dans tous nos écrits depuis plusieurs années, d'abord dans l'*Avenir de Nice,* puis dans le *Messager de Nice,* ensuite dans la *France Méridionale* et enfin dans chacune des pages de cette brochure, les avantages d'une semblable création qui, utile jadis, nécessaire ensuite, est devenue *indispensable* aujourd'hui. — L'organe politique du département, le *Journal de Nice*, a également, dans un excellent article de son rédacteur en chef M. Xavier Eyma, posé et résolu on ne peut plus judicieusement cette question primordiale. — Il nous paraît donc superflu de nous étendre davantage sur l'*indispensabilité* d'un *Casino*, sur les services que cette création est appelée à rendre et sur le succès qui lui est assuré comme il est assuré à toute chose utile, nécessaire, répondant à un besoin. — Un *Casino*, nous le répétons, est le *sine qua non* du succès de Nice !

Avant de nous séparer de nos lecteurs, nous croyons devoir terminer cet opuscule par un *résumé* de la question, et par la réfutation des quelques *objections* qui pourraient être soulevées contre la raison d'être du *Casino*.

OBJECTIONS.

Des objections peuvent-elles être soulevées contre le projet d'un *Casino* ?

Jusqu'à ce jour il n'en a pas été soulevées, mais il faut prévoir qu'il en pourrait naître alors surtout, que ce projet d'utilité publique s'approchera davantage de l'exécution.

Il n'est pas de création, quelle que soit son utilité, qui n'ait trouvé, et ne trouvera des contradicteurs et même des détracteurs ; cela sera toujours l'éternelle guerre de l'étroit intérêt particulier contre l'intérêt général : — les plus sublimes et fécondes inventions n'ont-elles pas été combattues ? — Les chemins de fer eux-mêmes, cette vaste industrie qui a multiplié les industries, cet irrésistible civilisateur qui, avec l'électricité, étincelle divine que le génie de la création a mis au service du génie humain, doivent un jour fusionner peuples, langues et usages, n'ont-ils pas trouvé des détracteurs ? — Pour une fraction infinitésimale d'intérêts froissés par une création ou une amélioration, combien de ressources nouvelles au service de tous ! — Pourquoi le *Casino* de Nice ne subirait-il pas cette loi commune ? — N'y eût-il qu'une objection de soulevée et propagée, qu'il importe d'y répondre préventivement. — Il faut faire justice, même par avance, des raisons captieuses qui pourraient surgir. — Il est prudent et sage d'éclairer les moindres recoins de la question, ne fut-ce que pour dissiper les ombres qui prennent toujours des proportions démesurées, fantastiques, à mesure qu'elles s'éloignent de la lumière.

Voici quelques objections qui pourraient être faites et que nous allons examiner rapidement :

1° La généralité des étrangers ne s'abonnera pas au *Casino*.

2° Les grandes familles ne fréquenteront pas le *Casino*.

3° Les cercles et les réunions particulières remplissent suffisamment le but d'un *Casino*.

Première Objection.

Les Etrangers s'abonneront - ils au Casino ?

Cette objection tombe tout naturellement devant tant de faits qui prouvent la nécessité d'un lieu de réunion pour les étrangers dans les villes de saison.

Tous les *Casinos* bien organisés et bien dirigés, prospèrent : tels Boulogne, Dieppe, Etretat, Royan, Arcachon, Biarritz, Vichy, Bagnères-de-Bigorre, Rimini, Ostende, etc., etc.

Les municipalités de Bagnères-de-Luchon, de Trouville, etc., etc., s'imposent, en ce moment, de grands sacrifices pour posséder ce genre d'établissement.

Arcachon n'existe que depuis la création de son magnifique *Casino Moresque*.

Royan proclame que : « *Ce n'est pas Royan qui s'est fait un* Casino, *c'est le* Casino *qui a fait Royan.* »

Le *Casino* de Vichy, trop étroit pour contenir la foule qui fréquente cette ville, va s'agrandir dans de vastes proportions. — Les plans de ce beau monument ont été soumis, l'été dernier, à l'Empereur, et ont eu les honneurs de quelques modifications indiquées par S. M. même.

La centralisation des plaisirs et des distractions dans le *Casino de Nice* constituera sa puissance d'attraction. — Tout ce qui pourra satisfaire, distraire, amuser l'esprit le plus futile comme le plus sérieux, se trouvera dans ce centre de réunion, où chaque matinée, chaque soirée aura son emploi agréable.

Deuxième Objection.

Les grandes familles fréquenteront-elles Casino?

Le *Casino de Nice* ne sera pas public ; il sera administré comme un Cercle ; il sera bâti au milieu d'un jardin clos ; son organisation intérieure, sa réglementation offriront toutes les garanties désirables à la susceptibilité des familles. — Il appartiendra à une direction vigilante, aidée d'un comité choisi, de donner à ce *Casino* un cachet de famille tout particulier.

Si on objecte que les grandes familles ne vont pas dans certains *Kursaals* d'Allemagne, nous répondrons une dernière fois, que le *Casino* de Nice n'aura rien de commun avec ces établissements publics. Il est juste, néanmoins, de constater, pour ce qui est des *Kursaals* des bords du Rhin, que les Bains de *Baden* et d'*Ems* ont exceptionnellement le privilège de recevoir dans leurs salons, publics cependant, la haute aristocratie européenne. — Cela tient sans doute à leur organisation, à leur cachet de distinction et à une certaine assurance que l'on a, de n'y rencontrer que des gens de bonne compagnie. — Les familles anglaises même vont dans les *Kursaals*, mais elles n'y fréquentent que les salons de concerts, de bals et de lecture, en évitant les salles du *trente et quarante* et de la *roulette*. — Puisqu'on ne jouera pas dans le *Casino* de Nice, quelles raisons en pourraient éloigner les familles étrangères ? Ici encore, on le voit, pas d'objection sérieuse.

Troisième Objection.

Les cercles et les réunions particulières de Nice ne remplissent-ils pas le but d'un Casino ?

Pour ce qui est des cercles, nous croyons avoir répondu suffisamment à cette objection, dans les pages qui précèdent ; — un dernier mot seulement sur les réunions particulières. — Croit-on qu'il soit nécessaire d'offrir à la généralité de la colonie étrangère des distractions journalières et d'agréables soirées, telles que quelques élus seuls les trouvent dans nos salons officiels, ou dans quelques riches salons improvisés ? — Ceci ne nous paraît pas souffrir la moindre discussion. — Du reste, il peut arriver, il est malheureusement arrivé même, qu'un deuil, un caprice, un départ, des rivalités ferment inopinément ces salons… — Le *Casino*, terrain neutre, reste incessamment ouvert, et offre ses vastes salons à la Colonie tout entière.

RÉSUMÉ.

—

Tandis que la grande majorité des stations hivernales et estivales possède des *Casinos*, la ville de Nice en est encore à désirer un établissement de ce genre. — Il est incontestable que la création d'un *Casino de premier ordre*, avec annexe d'un *établissement d'Hydrothérapie maritime* et d'une *Trinkhalle*, serait accueillie avec grande faveur par la colonie étrangère.

Casino, Bains de mer, Trinkhalle

—

Le mouvement extraordinaire produit dans notre ville, par le chemin de fer, mouvement surprenant, quoique prévu, devra s'accroître dès que la locomotive, qui s'arrête à onze kilomètres de Nice, entrera dans notre Gare ; — ce mouvement qui n'est qu'à son début, et qui peut profondément modifier la nature de nos affaires, mérite d'attirer notre plus sérieuse attention.

Chemin de fer : mouvement des voyageurs.

—

En dehors des familles qui ont résidé à Nice cet hiver, notre ville a été traversée, *du 15 septembre* au *15 janvier*, par *quinze mille personnes* se rendant en Italie (1). — Le retour de ces migrations périodiques nous donnera environ le même chiffre ; — *trente mille voyageurs* auront donc traversé la ville de Nice pendant l'hiver. — Ce nombre, déjà considérable, devra augmenter dans de grandes proportions. — Il s'agit

Trente mille voyageurs de passage.

(1) Chiffre officiel communiqué.

donc, par toutes les séductions en notre pouvoir, de fixer le plus longtemps possible, parmi nous, ces riches passagers. — Une grande ville comme la nôtre, jouissant d'un climat auquel nul autre en Italie n'est comparable, pas même celui de Naples, ne peut-elle prétendre à retenir plus ou moins de temps la grande majorité de ces touristes de passage? — Et, pour cela, quel moyen plus puissant qu'un *Casino!*

<small>Prolongation de saison: automne, hiver, printemps.</small>

Sans vouloir attribuer, tout d'abord, à la ville de Nice le privilège de deux saisons également productives, on peut raisonnablement avancer qu'un *Casino* avec *Bains de mer* et *Trinkhalle*, permettrait d'ouvrir la saison en *septembre* pour la prolonger jusqu'à la fin du mois de *mai* ; — obtenant ainsi une *saison de neuf mois*. — Ce résultat serait facilement atteint par l'utilisation des bains de mer pendant les mois de septembre et octobre, et pendant les mois d'avril et mai. — Quant aux mois de *juin*, de *juillet* et d'*août*, on peut compter que la splendeur de nos étés, tempérés par des brises incessantes, feront adopter nos plages par tous les médecins étrangers.

<small>Clôture prématurée de la saison.</small>

Bien loin de chercher à prolonger le séjour des Etrangers parmi nous, ne dirait-on pas, au contraire, que nous les invitons à nous quitter dès les premiers sourires du printemps. — Mars n'est pas fini, que déjà nous éteignons les bougies de nos salons et de nos salles de concerts, que les lustres et les banquettes se recouvrent de housses, et enfin, chose inouïe, que nous fermons les portes de notre Théâtre Impérial Italien! — Il est possible que cet usage de clôturer à Pâques le programme de l'hiver, soit sans préjudice pour les locations à *la saison*, mais il est incontestablement désastreux pour toutes les autres industries. — Il est vraiment singulier que c'est alors que les bulletins météorologiques du nord s'amendent, alors que les marronniers des Tuileries fleurissent, alors que Paris redouble d'attrait pour rappeler ses riches déserteurs, que nous baissons le rideau sur les parcimonieuses distractions de nos hivers.

C'est en septembre et en octobre, alors que les premiers brouillards de l'hiver enveloppent les chênes, les sapins et les hêtres séculaires du *Mercure* et du *Alt-Schloss* de Baden, qu'un directeur *magnifique* et intelligent, le Mécène Bénazet, retient, quand même, la *Fashion* par l'attrait et le luxe de son *turf*, et par le talent d'artistes des plus réputés.

C'est donc en mars, avril et mai que Nice, dans un intérêt général, devrait redoubler de séduction pour maintenir la colonie étrangère !

L'annexion d'une *Trinkhalle* au *Casino* est un puissant moyen d'action qui n'échappera à personne.

La Trinkhalle (1

La *Trinkhalle* est une salle où l'on trouve les eaux minérales les plus réputées de l'Europe et où les *Buveurs d'eau* peuvent suivre un traitement qui les dispense de se rendre à la source ordonnée par le médecin. — On peut aussi, dans la *Trinkhalle*, faire sa cure au petit-lait, au lait d'ânesse, au lait chloro-ioduré-ferreux, aux raisins, aux fraises (2) et .... aux oranges, cure, que Nice pourrait utilement innover. — L'organisation d'une *Trinkhalle* contribuera incontestablement au succès du *Casino* : elle offrira aux malades, pendant l'hiver, la continuité d'un traitement commencé aux sources minérales même. — La *Trinkhalle* sera pour le *Casino* le motif d'une grande propagande, faite pendant l'été, par les principaux établissements d'eaux minérales ; — en effet, ces établissements trouvant à Nice, l'hiver, un débouché considérable de leurs eaux, signaleront et recommanderont à leurs clients, la *Trinkhalle Européenne du Casino de Nice*. — La *Trinkhalle*, telle que nous voulons l'inaugurer à Nice, n'existe qu'en Allemagne. — Les *Trinkhalle* font la fortune

---

(1) Extrait du *Projet-Devis* de M. LÉOPOLD AMAT. — (*Casino de Nice*).
(2) Les cures de raisins et de fraises sont très-pratiquées en Allemagne.

des pays qui, n'ayant qu'une source minérale peu efficace, appellent à leur aide, pour exploiter la beauté de leur séjour et les splendeurs de leur Kursaal, les Eaux minérales des sources en grande réputation, expédiées en flacons hermétiquement bouchés. — L'idée, aisément applicable, d'une *Trinkhalle* annexée au *Casino* de Nice, renferme un nouvel élément de succès qu'il est facile de prévoir.

<small>La clientèle de Nice.</small>

Nice, qui a été fréquemment habitée par des rois, par des princes et par des princesses de familles impériales et royales, Nice, qui a compté parmi ses hôtes des Impératrices et des Grandes Duchesses, Nice, qui pourrait devenir le rendez-vous préféré, chaque hiver, d'illustres malades, ne doit-elle pas être en mesure de les accueillir et de les fêter dignement ? Ne devons-nous pas songer à édifier un PALAIS DES FÊTES qui puisse recevoir la plus haute société d'Europe, la plus opulente et la plus nombreuse clientèle qu'une ville de santé et de plaisance puisse désirer ?

<small>Palais des fêtes.</small>

Toutes les confortabilités, tous les charmes, toutes les exigences d'une vie luxueuse devront être réunis dans ce *Casino-Palais* où les SCIENCES, les ARTS et les LETTRES se donneront la main ! — Et alors, grâce à ce centre d'attrayantes et d'incessantes distractions, Nice n'aura plus rien à envier aux villes de saison les plus à la mode.

<small>Fêtes publiques.</small>

Au *Casino* de la ville de Nice, appartiendra le soin de fêter l'arrivée d'illustres visiteurs, par des fêtes publiques données sous le patronage de l'autorité. — Ces fêtes publiques, en jetant une grande gaîté dans la ville, tourneraient en outre au profit des masses en attirant par leur brillant programme les populations voisines.

<small>Etrangers de passage.</small>

Il faut, sans plus tarder, offrir à la colonie étrangère des distractions, des plaisirs, des fêtes que quelques salons officiels et quelques riches salons improvisés, ouverts au cœur de l'hiver seulement, ne peuvent offrir à toute une population d'hivernants. — C'est là, le rôle le plus important, le plus opportun du *Casino de Nice*. — Il faut que les étrangers de passage trouvent un centre qui, par ses nombreux attraits, puisse les engager à demeurer quelque temps parmi nous. — Sait-on bien ce qu'une soirée passée au *Casino*, peut avoir d'influence sur la décision du touriste de passage ? — Que faut-il en voyage pour l'arrêter sur un point plus longtemps qu'il ne l'avait projeté ?..... Un rien ; — l'accueil souriant du pays, des plaisirs faciles, la rencontre d'un ami, d'un groupe de connaissances, peuvent le retenir pendant tout une saison dans une ville qu'il ne voulait que traverser ?

Une œuvre nationale.

En livrant ces pages à la publicité, nous n'avons pas eu l'intention de défendre une cause que nous savons gagnée d'avance ; — l'utilité, l'indispensabilité d'une création que Nice appelle de tous ses vœux, est un fait acquis ; les bienfaits qui en doivent résulter sont d'une évidence telle, qu'on éprouve de l'hésitation à les démontrer, comme on croirait superflu de chercher à prouver la lumière en face du soleil. — Cependant, pour populariser cette pensée, il convenait d'en parler encore, ne fut-ce que pour lui obtenir l'assentiment général, comme elle vient d'obtenir celui de la *Commission de l'Union Syndicale*.

Que Nice fasse du *Casino* une œuvre nationale, et le *Casino* sera l'hiver prochain

FIN.

www.ingramcontent.com/pod-product-compliance
Lightning Source LLC
Chambersburg PA
CBHW060555050426
42451CB00011B/1922